AF335943

RESTAURATION

DU TOMBEAU ET DE LA CHAPELLE

DU

CHANCELIER DE LHOSPITAL,

DANS L'ÉGLISE DE CHAMPMOTEUX.

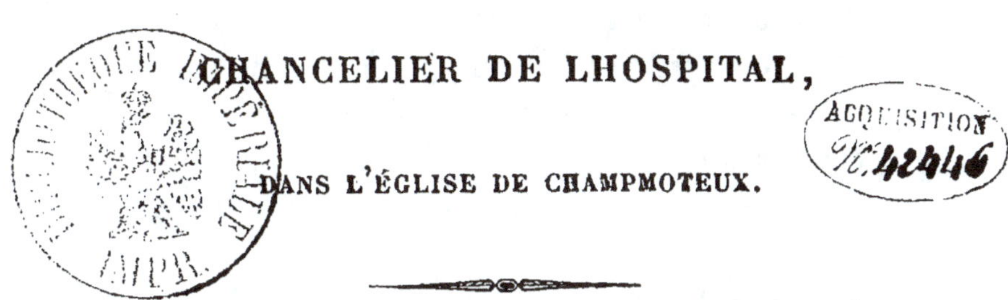

En septembre 1834, le Préfet et les membres
du Conseil de révision du département de Seine
et Oise, après avoir tenu séance à Milly, reçurent
l'hospitalité chez M. de Bizemont, à Gironville;
ils allèrent le soir même, avec leur hôte, visiter
le château du Vignay et le tombeau du chancelier
Michel de Lhospital, situé dans l'église de Champmoteux, sur la route d'Étampes à Malesherbes.

Ce tombeau, élevé par la veuve, la fille, le
gendre et les petits-enfans du Chancelier, fut
exposé en 1793 à une odieuse profanation. Des
hommes, étrangers à la commune, vinrent mena-
cer les habitans des plus cruels traitemens s'ils ne le

renversaient pas sur-le-champ. Ils le firent démolir et briser devant eux ; le marbre noir qui couvre le monument resta seul intact. M. de Bizemont était absent ; le lendemain, à son retour, il fit replacer ce marbre sur le corps de Lhospital, qui s'était conservé en entier, et les lieux restèrent dans cet état jusqu'en 1795. A cette époque, le Directoire exécutif ordonna que le corps du Chancelier aurait les honneurs du Panthéon ; mais des commissaires, envoyés sur les lieux, jugèrent que ces restes ne pouvaient être exposés au transport.

En 1818, sous le ministère de M. Lainé, M. de Bizemont conçut l'heureuse idée de faire rétablir le tombeau ; il en rechercha les débris : la tête et une partie du corps de la statue du Chancelier furent retrouvées ; un habile architecte restaura le monument sur trois faces, de telle sorte que les habitans qui l'avaient vu jadis, avouèrent qu'il était tout-à-fait semblable à l'ancien.

Lors de sa visite de 1834, M. le préfet Aubernon remarqua que la restauration du tombeau n'avait pas été complète, et que la chapelle et l'église, délabrées et ruinées, menaçaient de s'écrouler en peu d'années sur le tombeau. Touché de respect pour la mémoire de ce grand magistrat, il pensa qu'il était de son devoir et de l'honneur du temps actuel, de ne point laisser disparaître un monument si précieux pour la France entière ; il présuma avec raison qu'il se trouverait en France beaucoup d'hommes qui partageraient ses sentimens et qui concourraient avec empressement à la restauration complète du tombeau, de la chapelle et de l'église.

Il rendit ce projet public, et une somme de 12,185 fr. a été réunie par les dons des Souscripteurs dont les noms suivent :

Sa Majesté le Roi des Français et la Famille royale.

S. A. royale Monseigneur le duc d'Orléans.

MM. Guizot, ministre de l'instruction publique ; de Gasparin, ministre de l'intérieur ; Sauzet, ministre de la justice et des cultes ; Duperré, ministre de la marine.

Les ministères de l'intérieur et des cultes, sur les fonds généraux de l'État.

M. le baron Pasquier, président de la Chambre des Pairs, et MM. le comte Cholet, le vicomte Morel de Vindé, le duc de Larochefoucault, le duc de Caraman, le comte de Ségur, le duc de Castries, le comte de Larochefoucault, le comte de la Briffe, le duc de Mortemart, le comte Molé, le comte Daru, Bertin de Vaux, le vicomte de

Ségur-Lamoignon, le comte des Roys, le comte Cambacérès, pairs de France.

M. Dupin, président de la Chambre des Députés, et MM. Gaillard-Kerbertin, Amilhau, Devaux, Chasle, Fulchiron, Baude, Saint-Marc-Girardin, Vatry, Odier, Champanhet, Lacombe, Vivien, Faure, Colin, Sémerie, Clogenson, Golbery, Caumartin, Pataille, de Schonen, Vejux, Al. Delaborde, Tesnières, Ganneron, Moreau (Seine), Rauter, Duchesne, Hartmann, Lavielle, Aroux, Teillard-Nozerolles, B. Delessert, Franç. Delessert, Félix Bodin, Panis, Laurence, marquis de Mornay, Berryer, Jacq. Lefebvre, Muteau, Petou, de Bricqueville, Delespaul, Bonnefous, Daunant, Martel, Moreau (Meurthe), Dumon, Havin, Renouard, Mauguin et Ed. Blanc, députés.

La Cour de Cassation, la Cour des Comptes, et les Cours royales de Paris, Lyon, Riom, Metz, Nancy, Poitiers, Amiens, Limoges, Grenoble et Angers.

Les tribunaux civils de Versailles, Pontoise, Rambouillet, Mantes, Etampes, Corbeil, Saint-Quentin, Provins, Clamecy, Strasbourg, Vesoul, Bressuire, Soissons, Chinon, les Andelys, Louviers et Barbezieux.

MM. les avocats près les Cours royales de

Paris, de Riom, de Limoges, d'Agen et de Dijon.

MM. les juges de paix de Corbeil, Boissy-Saint-Léger, Versailles, Montfort-l'Amaury, Luzarches, Magny, Etampes, Chevreuse, Gonesse, Marly et Palaiseau.

MM. de Champlouis, préfet du Pas de Calais; Larreguy, de la Charente; d'Entraigues, d'Indre et Loire, et son conseil de Préfecture.

MM. Lemonnier, Brian, Malher, Renault et Dutartre, conseillers de préfecture de Seine et Oise.

MM. Cassan, sous-préfet de Mantes; Horeau, de Pontoise; de Cullion, de Corbeil; Bocher, d'Étampes; de Freulleville, de Loches; Constant Le Roy, de Pont-Audemer; Cotte, conseiller de Préfecture, à Digne.

MM. Lebrun, membre de l'Académie française; Duparquet, maître des requêtes; Hurtrelle, directeur des contributions directes; Guillon, payeur; Soulery, directeur des domaines; de Saint-Didier, receveur-général; Rémilly, adjoint à Versailles; Carré, maire de Montmorency; Marc, maire de Boissy-Saint-Léger; Ginoux, maire de Sucy; Vallot, ingénieur à Mantes; Bellet, maire de Magny; Gabrie, Joson, Periot et Pillas, notaires; les avoués de Corbeil; les huissiers de Corbeil; Darblay, négociant à

Corbeil ; Ducastel, ancien notaire à Saint-Germain ; Brunet, président du tribunal, à Versailles; Vallet, greffier à Luzarches ; Desjardins, ancien notaire à Versailles ; le contre-amiral de Linois ; Jouanne ; Loz de Beaucours ; Soulange-Bodin; Lemazurier, docteur en médecine ; Lemesle ; baron de Valknaer ; Martin, ancien juge de paix de Limay; Roussel, membre du conseil d'arrondissement, à Magny ; Demets, Haussmann, Prudhomme, Boivin fils, Duvivier, comte de Gouy-d'Arsy, de Bizemont, Feuilloley et Barre, membres du conseil-général ; Petit, lieutenant de gendarmerie d'Étampes ; Georges Aubernon ; Mademoiselle Blanche Pomaret ; Madame Lepage et l'Écho de Seine et Oise.

Le conseil-général du département de Seine et Oise, pour le Département.

Le commune de Champmoteux.

Monseigneur l'évêque de Versailles.

M. Aubernon, pair de France, conseiller-d'État et préfet de Seine et Oise.

Au moyen de cette somme de 12,185 fr., il a été fait les améliorations suivantes :

1.° Sculpture, pose et dépose du tombeau qui a été placé pour être vu sur toutes les faces, restauration et incrustement de marbre sur une des deux faces , sculptures du portail , liste gravée des Souscripteurs , etc. 1,308 10

2.º Statue de saint Michel, patron du Chancelier , pour la pierre et la mise au point seulement , M. Marochetti ayant voulu faire hommage de son talent. . . . . 1,200 »

3.º Revêtement en marbre de Languedoc du pourtour de la chapelle. 894 75

4.º Vitraux de couleur et peinture des décors. . . . . 734 »

5.º Maçonnerie , reconstruction d'une partie délabrée des murs , hémicycle ajouté à la chapelle , carrelage de l'église, reconstruction d'un mur pour démasquer l'entrée, reconstruction du portail. 4,285 49

6.º Charpente et couverture remaniées sur tout le monument. . . . 1,219 23

7.º Serrurerie et menuiserie. . . 1,305 86

8.º Peinture, pavage et terrasse. 280 70

9.º Déboursés de l'Architecte

A reporter. 11,228 13

(8)

	fr.	c.
Report......	11,228	13

chargé des travaux, M. Blondel
fils qui a fait hommage à la souscription de ses honoraires........ **300** »

10.º Grillage et châssis sur le
vitrage de la lanterne de la chapelle. **124** »

11.º Table en marbre noir avec
une inscription rappelant cette restauration..................... **36** »

12.º Tirage de la lithographie de
la chapelle et du tombeau , dont le
dessin a été offert à la souscription,
par M. Boisselier , et autres dépenses,..................... **496** **87**

Somme égale à la recette. **12,185** »

Tous ces travaux étant terminés, le jour de
l'inauguration a été fixé au dimanche 3o octobre.
Un procès-verbal en a été dressé à Gironville,
renfermant la liste des Souscripteurs et la note
de l'emploi des fonds , et a été signé par
MM. Dupin, président de la Chambre des Députés ; Aubernon, pair de France , préfet de
Seine et Oise ; Delaborde , député de l'arrondissement d'Etampes ; de Bizemont, ancien député,

propriétaire du Vignay; de Lawoestine, maréchal-de-camp; Malher, conseiller de préfecture; Roch, sous-intendant militaire; Boulet, chef de bataillon; Calvet, chirurgien-major; Marochetti, sculpteur; Blondel, architecte; de Trimont, propriétaire; Boyer, chef du bureau militaire.

Cette pièce a été placée dans une boîte en plomb, et scellée derrière la pierre des inscriptions, sous la statue de saint Michel, en présence du maire et du conseil municipal de Champmoteux, et du grand nombre de spectateurs dont l'église était remplie.

Puis, après l'office de la messe, M. Aubernon a prononcé le discours suivant près du tombeau du Chancelier.

———

DISCOURS DE M. AUBERNON.

Il y a plus de deux siècles et demi que le chancelier Michel de Lhospital mourut près d'ici, dans sa maison du Vignay, et que sa femme, sa fille, son gendre et ses petits-fils vinrent, avec douleur et recueillement, déposer ses restes dans cette humble chapelle. Un de ses proches successeurs, le chancelier de Cheverny, dont nous avons retrouvé les écussons sur les murs de l'église, paraît avoir rendu quelques honneurs à sa mémoire. Durant nos orages politiques, son tombeau fut renversé et son corps laissé à découvert. Un homme de bien, le nouveau propriétaire du Vignay, M. de Bizemont, dont ce pays honore le dévouement et les services, parvint, il y a vingt ans, à rassembler tous ces débris, et fit rétablir la tombe à peu près dans l'état où elle avait été construite. Nous venons à notre tour mêler notre piété à la sienne, et donner à la dernière demeure de ce grand homme un nouveau lustre et une plus longue durée.

La tendresse et la douleur des enfans ont cessé ; Lhospital n'a plus de famille qui se glorifie de son nom : mais il existe encore pour lui une famille nombreuse, affectionnée, impérissable, celle que composent tous les hommes auxquels la pureté de sa vie et la grandeur de son caractère sont connus, et qui admirent la simplicité de ses mœurs, son impartiale justice, sa modération et son courage au milieu des dissensions civiles et religieuses, son respect pour les lois, et son amour désintéressé pour son roi et pour sa patrie.

Vous le comprenez comme moi, Messieurs, il est dans les mystérieux desseins de la Providence de faire paraître de temps en temps, au milieu des sociétés humaines, de ces hommes qu'elle charge d'être les conservateurs de la morale et de la justice, qui en sont les fondemens ; elle sait les douer d'une science profonde et d'un courage inébranlable ; elle veut que leur grande ame, religieusement vouée au culte de la vérité et de la raison, sache soutenir sans faiblesse les épreuves les plus rudes de la vie ; elle a soin enfin de les montrer aux autres hommes, que tant d'intérêts aveuglent et que tant d'incertitudes et de passions font chanceler, comme un majestueux modèle qui ranime leur confiance dans le bien, ou plutôt comme un véritable père dont la voix et l'autorité vénérables rappellent au sentier du devoir des enfans qui hésitent ou qui s'égarent.

Tel nous est offert le chancelier Lhospital ; et pour que l'avertissement soit plus éclatant et que cette belle vie retrempe plus fortement nos cœurs, nous le voyons, sans autre appui que sa probité et son mérite, s'élever et grandir au milieu des temps les plus périlleux de notre histoire. Le ciel a marqué sa carrière sous les règnes si agités de François Ier, de Henri II, de François II et de Charles IX ; c'est à l'époque où les passions politiques et religieuses sèment partout la désunion, l'intolérance, l'injustice et le meurtre, qu'il est appelé à faire entendre aux hommes la voix de l'équité, de la modération et de la sagesse ; c'est la faiblesse des Valois, la ruse des Médicis, l'ambition des Guises et des Bourbons, l'avidité des grands, l'intrigue de l'étranger, et l'ignorance et les préjugés du peuple, qu'il est appelé à combattre sans cesse pour conserver le dépôt sacré du bien public, de l'autorité royale et des franchises du royaume.

Mais quel est-il pour accomplir une mission si périlleuse ? où sont ses vassaux et ses armes pour contenir tous ces princes armés et menaçans, cette

cour astucieuse, ces partis avides de s'entr'égor-
ger? quels sont ses ancêtres, son nom et sa puissance? Ses ancêtres et son nom, c'est la science
et la vertu; sa puissance, c'est la justice : car Dieu
entend que la justice soit toujours la première
puissance de la terre.

Son père est un simple médecin d'Auvergne,
qui partage l'amitié et l'exil du connétable de
Bourbon, son patrimoine est long-temps confis-
qué, sa jeunesse est soumise à l'adversité, et c'est
en subissant les coups de l'arbitraire qu'il apprend
à aimer les lois et la liberté. A dix-huit ans, on
l'arrache à ses études pour le jeter en prison. Il
rejoint ensuite son père en Italie, et, déguisé en
muletier, il échappe aux périls de la guerre pour
aller à Padoue achever son éducation interrom-
pue. Sa science des lois et de la politique, sa culture des lettres et de la poésie antiques, il les doit
à six ans de travaux assidus dans cette université
alors justement célèbre. Dès son début dans le
monde, il est appelé à remplir à Rome une place
distinguée qui pouvait le conduire aux plus hautes
dignités de l'Eglise ; mais l'amour de la France le
domine et le ramène bientôt à Paris. Il se fait
connaître au barreau ; il y acquiert un nom consi-
déré et des amis puissans, et, par un mariage ho-
norable, l'entrée du premier parlement du royaume

lui est ouverte. Là son application et sa capacité ne le laissent pas long-temps dans le rang ordinaire des juges. L'amitié du vertueux chancelier Olivier le fait ambassadeur du roi au concile de Trente et de Bologne ; celle du cardinal de Lorraine lui confie la surintendance des finances ; la fille de son persécuteur, la savante et sage Marguerite de Valois, le crée son chancelier et l'introduit à la cour. Catherine de Médicis, enfin, cherche un appui dans le conseil contre la tyrannie des grands ; la duchesse de Montpensier lui montre dans LHOSPITAL un homme en qui « l'amour de « la justice et de la patrie domine toute autre « affection ; » et elle l'élève à la dignité de chancelier de France. Vous le voyez ! la science et sa vertu sont les seuls artisans de sa grandeur, et ce n'est qu'en se confiant avec fermeté à ces guides tutélaires qu'il soutient dans l'État la noble lutte du bien contre le mal et des lois contre l'anarchie.

Quand il s'assied au conseil, les rois enfans sont sans autorité ; Médicis dédaignée n'ose saisir qu'en tremblant la puissance royale ; les grands se disputent la domination ; les catholiques et les huguenots se défient ; Rome et Philippe II excitent les uns, l'Angleterre et les princes allemands favorisent les autres ; les étrangers exploitent à leur profit notre désunion et nos malheurs ; et la haine, l'intolérance et la cruauté sont les vertus que l'on vante et que l'on respecte.

Au milieu de ces élémens de dissolution, LHOS-PITAL, un seul homme de probité et de conscience, sait déjouer les mauvais desseins des ennemis publics, défendre l'autorité royale et les lois du pays, ramener les partis au calme, si ce n'est à la concorde, et tourner au salut de l'Etat les projets les plus pervers et les situations les plus périlleuses.

Avec quelle persévérance on le voit appeler à lui toutes les forces salutaires, les assemblées des notables, les états-généraux long-temps oubliés, la puissance nationale de la France! Il espère que de bonnes lois peuvent adoucir les mœurs et calmer les passions politiques. Il écoute les plaintes et devine les besoins. Rien ne peut le troubler ni le ralentir; les partis grondent autour de lui, la guerre civile éclate par intervalles, et il demeure imperturbable dans ses vues. Il sauve la France du tribunal de l'inquisition; il régularise la juridiction du clergé; il simplifie la procédure civile; il règle les droits et les devoirs des parlemens, et commence à poser des limites salutaires à la justice exceptionnelle; il publie enfin une suite d'ordonnances nouvelles, plus conformes à la raison, mieux adoptées aux besoins du pays, et qui le placent, comme législateur, à côté de saint Louis et de Charlemagne.

Mais après huit années de résistances et de lutte en faveur de la justice et de la paix, les mauvaises passions l'emportent ; une dernière épreuve est nécessaire ; il faut que l'autorité royale soit asservie, que les lois se taisent, et que Lhospital puisse nous montrer qu'on doit savoir rester fidèle à la vertu, alors même que l'insuccès l'expose à douter d'elle-même. Sa présence est devenue importune, elle met seule obstacle au déchaînement de la guerre. On l'éloigne alors du conseil, et la France se couvre bientôt d'un deuil trop mémorable !

Ecoutons, Messieurs, comme il se dépeint lui-même : « J'ai toujours, a-t-il dit quelques instans avant de rendre le dernier soupir ; j'ai toujours conseillé la paix, car je ne considère rien de si dommageable que la guerre civile. Mais ceux qui ne voulaient que de nouveaux changemens se sont moqué de moi. Ils ont incité contre moi la noblesse, les princes, les magistrats et les juges : on a donc perdu le roi et le royaume, toutes choses étant ménagées à la ruine de la patrie ; et non contens de faire combattre les forces du pays les unes contre les autres, on fit approcher jusqu'au cœur du royaume des étrangers des diverses par-

ties d'Espagne, d'Italie et d'Allemagne. Hélas!
nous avons vu, ce que je ne puis dire sans gé-
missemens et sans larmes, que les soldats étrangers se jouaient de nous, de nos corps et de nos
biens, quand ceux qui les devaient empêcher les
premiers en étaient eux-mêmes les conducteurs,
et trouvaient bon tous les maux qui se commet-
taient en France. Quant à moi, voyant que mon
labeur n'était plus agréable au roi et à la reine,
et que le roi était tellement pressé qu'il n'avait
plus de puissance, et qu'il n'osait dire ce qu'il pen-
sait, j'avisai qu'il me serait plus expédient de céder
volontairement à la nécessité.... Je fis place aux
armes qui étaient plus fortes, et me retirai aux
champs, priant le roi et la reine d'embrasser la
première occasion de paix qui s'offrirait, avant
que la chose publique fût réduite à une extrême
ruine.... Je n'ai pas reculé comme les lâches,
avant le premier péril, ni pris la fuite quand le
combat était douteux. J'ai souffert tous les travaux
que j'avais la force de porter. Je n'ai ménagé ni
mon ardeur ni ma vie tant qu'il me restait l'espé-
rance de servir la patrie et le roi.... Je n'ai
jamais rien eu de si cher que leur bien et leur salut? Et ce qui a le plus offensé mes adversaires,
c'est que j'ai toujours soutenu les affligés contre
ceux qui les veulent opprimer, les faibles contre

les forts , et les pauvres contre les riches , et j'ai toujours désiré les lois et ordonnances avoir lieu en l'Eglise, en la justice , en la noblesse , au peuple ; et Dieu être servi et le roi obéi. . . . »

Voilà, Messieurs, les sentimens de celui dont la vie si ferme et si pure n'a pas peu contribué à former toute cette lignée de grands magistrats dont la France est fière , et sur laquelle tous les hommes publics des temps modernes doivent *mouler* leur vie !

Dans sa retraite, cette grandeur n'est point affaiblie ; au milieu de la vie domestique et des occupations champêtres, elle se montre avec la même pureté et le même éclat. Pauvre, après avoir rempli les emplois les plus éminens et les plus exposés à la séduction des richesses, il sait se contenter de peu, il n'est point étonné de se voir oublié par les rois qu'il a servis. « J'ai, écrivait-il à Médicis, soixante-cinq ans passés, une femme, une fille, un gendre , et déjà neuf petits-enfans ; j'ai un train de vieux serviteurs que je ne puis sans déloyauté laisser mourir de faim. Une tour de mon bâtiment tombe en ruines ; avec cela, si Votre Majesté, empêchée par les besoins de l'Etat, ne croit pouvoir m'aider, j'endurerai avec patience ; cela n'est ni long , ni difficile à mon âge ! »

Entouré de sa famille et de quelques amis, les

malheurs publics seuls l'inquiètent et l'agitent ; il tâche d'en détourner ses pensées ; il cherche des distractions dans la culture des lettres, qu'il a toujours aimées, et qui donnent à son caractère si austère une teinte d'amabilité et de grâce pleine de charmes. On est touché de le voir reproduire, autour de lui, les douces images de son enfance et de sa jeunesse. Nous retrouvons dans l'architecture vénitienne de sa maison du Vignay ses souvenirs de Padoue et d'Italie ; plusieurs de nous ont vu les beaux noyers qui lui rappelaient les vallées de l'Auvergne, sa terre natale, et nous aurions encore passé sous leurs ombrages si leur vieux bois n'avait servi, il y a cinquante ans, à fabriquer les premières armes qui repoussèrent les ennemis de la patrie, rappelant par cette desti‑ nation la passion dominante de celui qui les avait jadis plantés !

« Il est beau, disait-il, de vivre en repos dans sa maison, après avoir bien servi les intérêts pu‑ blics ; il est beau de voir un vieillard jadis chargé de grands emplois conduisant désormais les tra‑ vaux champêtres !... Oh ! combien la mort serait adoucie pour moi dans ma vieillesse si je voyais la royauté rétablie dans son pouvoir, et mes con‑ citoyens raffermis dans la liberté ! »

Grand LHOSPITAL ! puissant soutien de tous

les hommes qui aiment avec désintéressement la justice et la patrie, et qui sont moins jaloux des succès de l'ambition que du repos de leur conscience, que ne pouvez-vous jeter sur nos hommages un regard reconnaissant, et revoir un instant cette patrie qui vous fut si chère ! Avec quelle joie vous la trouveriez dégagée des douloureuses épreuves où vous l'avez laissée, et jouissant de tous les biens que vous aviez souhaités pour elle ! La paix rendue à la chaumière comme au château ; les lois régnant sur les grands comme sur les petits ; la justice administrée avec impartialité, les finances avec ordre ; la liberté civile et la tolérance religieuse admises dans les mœurs comme dans les lois ; les riches s'occupant à l'envi d'adoucir et de relever l'existence du pauvre ; les pouvoirs publics réglant avec harmonie les affaires du pays ; l'unité de l'Etat constituée, et le gouvernement du royaume remis aux mains d'un Roi sage, éclairé, aimant les lois et la justice, et toujours prêt, non pas comme les rois que vous avez servis, à laisser opprimer les Français par toutes les factions, mais à offrir avec un magnanime courage sa propre vie pour sauver le moindre des citoyens, comme pour maintenir la constitution et les libertés de la France !

« Douce patrie ! heureux Français ! nous diriez-vous d'une voix grave et bienveillante, sachez reconnaître et conserver les biens que le ciel vous accorde en partage, et gardez-vous de cet esprit d'instabilité et de désunion qui pourrait vous les ravir. La France est entourée d'Etats qui la jalousent et qui épient sa faiblesse. Elle a besoin qu'un pouvoir unique et fort veille à son salut. Ce pouvoir, c'est la royauté héréditaire , régnant par les lois et la justice. J'ai voulu l'abriter de l'anarchie des grands; vous avez maintenant à la garantir de l'anarchie populaire. Je disais autrefois à mes contemporains : *Loin de nous les mots diaboliques de partis et de sédition ; luthériens , huguenots, papistes, ne changeons pas le nom de chrétiens !* Loin de vous donc aujourd'hui les dénominations funestes qui vous divisent encore ; ne changez pas le nom de *Français !* Que ce nom vous rapproche et vous rallie : il vous indique assez que votre destinée est la même et que vous avez une commune patrie , les mêmes intérêts, le même honneur et la même indépendance à maintenir. Vivez unis pour être heureux et puissans ; c'est à ce prix que j'accepte l'hommage que vous rendez aujourd'hui à ma tombe et à ma mémoire ! »

ALLOCUTION DE M. DUPIN.

Messieurs,

Je n'aurais rien à ajouter aux nobles paroles
que vient de faire entendre le premier adminis-
trateur de votre département, si je ne regardais
comme un devoir de déposer, au nom de la ma-
gistrature, un dernier hommage sur le tombeau
du plus illustre de nos chanceliers, le vertueux
Michel de Lhospital.

Ici repose sa cendre ; mais son génie plane sur
notre histoire et sur notre législation. Pour se
faire une idée de ce grand personnage, et du
caractère qu'il eut à déployer, il faut se reporter
au temps où il a vécu.

Un roi enfant, et pour régente, une femme ;
à côté de lui le connétable de Montmorency ;
mais en face, les Guises, et des grands seigneurs
également redoutables, soit qu'ils se levassent
comme rebelles, soit qu'ils missent leurs services
à prix ; dans tout le royaume, le feu des factions,
la guerre civile toujours imminente, les lois mé-
connues, la justice vénale, la corruption dans tous
les ordres de l'Etat ; chacun, du reste, couvrant

sa politique du manteau de la religion ; et, au milieu de cette confusion, le peuple écrasé, pillé tour à tour par les vainqueurs de chaque parti, d'autant plus malheureux qu'il était plus ignorant et plus enclin à la superstition dont il était victime.

LHOSPITAL seul, devenu chancelier, se montre *uniquement préoccupé des intérêts de la patrie*. Proscrit dans sa jeunesse, il s'oppose aux réactions ; les partis veulent en venir aux mains, il ne cesse de conseiller la paix ; en face du despotisme, il défend la liberté ; catholique, au lieu de partager les fureurs du parti le plus fort, il prêche la tolérance. Alors on se déchaîne contre lui ; on l'appelle *athée*, *huguenot ;* on lui prodigue ces noms odieux que les hommes de parti n'épargnent guère à ceux qui refusent de porter leur joug. Vainement il pratique son culte ; *Dieu nous garde,* disent-ils, *de la messe du chancelier !* et cependant ne se faisait-il pas la plus juste idée de notre sainte religion, lorsqu'il disait « qu'elle ne doit point se planter avec armes, épées et pistolets, mais par oraison à Dieu, par paroles et raison persuadée ! » Il a préservé la France du fléau de l'inquisition ! A ce titre seul, Messieurs, LHOSPITAL aurait mérité que son tombeau fût placé dans un temple chrétien !

En même temps que le Chancelier cherchait à

imprimer à la politique un caractère moins âpre et plus conciliant, il employait tous ses efforts à ramener dans les tribunaux l'esprit de justice et d'impartialité altérée par l'esprit de parti, la vénalité des charges récemment introduite, et la corruption qui était à l'ordre du jour. « Prenez bien garde, disait-il aux magistrats, dans une de ses harangues solennelles, prenez bien garde quand vous viendrez en jugement de n'y apporter point d'inimitiés ni de préjugés..... Je vois chacun des jours des hommes passionnés, ennemis ou amis des personnes, des sectes ou des factions, qui jugent pour ou contre, sans considérer l'équité de la cause. Vous êtes juges du pré ou du champ, non de la vie, non des mœurs, non de la religion. Vous pensez bien faire adjuger la cause à celui que vous estimez plus homme de bien, ou meilleur chrétien, comme s'il était question, entre les parties, de celui qui a meilleure doctrine ou autre quelconque suffisance, non de la chose qui est amenée en jugement. Si vous ne vous sentez assez forts et justes pour commander à vos passions et aimer vos ennemis selon que Dieu le commande, abstenez-vous de l'office de juge. »

Quand Lhospital donnait aux magistrats ces vigoureux conseils, il les avait lui-même mis en pratique pendant tout le temps qu'il avait été au parlement. Comme premier président de la Cour des Comptes , il avait également donné la mesure de son intégrité et de son courage, en refusant nettement à Henri II une somme de 20,000 fr. qu'il demandait pour Diane de Poitiers, sa maîtresse. « Songez, dit-il à ce prince, que c'est le produit des contributions de vingt villages (*). »

Lhospital aimait les habitans des campagnes; à chaque instant dans ses écrits on voit percer sa sollicitude pour l'artisan et le laboureur : il se déchaîne contre ceux qu'il appelle des *sangsues* et *mange-peuple;* il cherche à procurer du soulagement à la population souffrante : mais, s'il aime le peuple, il ne flatte pas ses passions, il ne lui cède point; loin de là, poursuivant son allocution aux juges dans la harangue que j'ai déjà citée, il leur dit : « Il y a aucuns juges qui craignent la réputation et opinion du peuple : si je juge autrement qu'au désir du peuple, que dira

---

(*) *Hist. des Parlemens*, par Dufey, t. I, p. 43.
Loin de se plaindre de la contradiction apportée à leur prodigalité par les gens des comptes, les bons, les vrais rois ont toujours eu à s'en féliciter. A plus forte raison aujourd'hui que, leur mission se bornant à vérifier les comptes, leur rôle consiste uniquement à empêcher qu'on ne vole l'État et les communes : en un mot, la Cour des Comptes n'empêche plus les dépenses, mais elle oblige du moins à dépenser régulièrement.

le peuple ? Il est écrit en l'Exode , reprend brus-
quement le Chancelier : En jugeant, tu ne suivras
point la foule et tu n'acquiésceras pas à l'opinion
du plus grand nombre , si elle n'est point conforme
à la justice. *In judicio non sequeris turbam ,
neque plurimorum sententiæ acquiesces , ut a
vero devies.* »

. Voici l'idée qu'il se faisait d'un bon gouver—
nement : « Gouverner , disait-il , présuppose une
vie active , virile et laborieuse , laquelle , en bon
françois, consiste *à faire justice ;* c'est-à-dire à
maintenir les bons en repos et les rémunérer selon
leur mérite ; faire la guerre aux méchans et déso-
béyssans , et les punir selon leurs desmérites ; par-
donner aux humbles et petits , et ruyner les
superbes, factieux et rebelles ; conserver les villes
en union , les gouverner par une doulce police ,
et surtout les conduire par clémence et miséri-
corde, qui est la vraye liaison du bon prince avec
ses subjets , et dont s'engendre un amour qui vault
trop mieulx que tous les trésors qu'on lui sauroit
amasser, forts et citadelles qu'on lui pourroit
jamais bastir. »

Que de sages dispositions n'a-t-il pas introduites
pour la réformation de la justice , et dans l'ordon-
nance d'Orléans (de 1560), et dans celle de
Moulins (de 1566)? Les abus qu'il n'a pu ex-

tirper, du moins il les a flétris. Là où il n'a pu donner à ses vues la forme de la législation, il a déposé dans ses écrits et dans ses discours des germes qui, dans la suite des temps, sont devenus la source d'autres améliorations.

Ce qui frappe surtout dans le chancelier de Lhospital tel que nous le représente l'histoire, avec les traits que la tradition nous en a conservés et qui imposent encore jusque sur ce tombeau, c'est une gravité naturelle et une remarquable dignité, unies à une grande énergie de caractère. « Il ne falloit pas, dit Brantôme, se jouer à ce grand juge et rude magistrat. » Dès qu'il paraissait à la cour, les courtisans s'éloignaient à son aspect. *C'était un autre Caton le Censeur, celui-là ;* ils n'auraient osé risquer en sa présence, ces paroles indiscrètes qu'ils glissent en secret dans l'oreille des rois ; il les eût vivement admonestés, lui dont la parole âpre et sévère préférait, comme il le dit, *la dure vérité à la doulce flatterie.*

Véritable type du courage civil, impassible au milieu des plus grands dangers, quel autre a mieux vérifié la devise du sage, *impavidum ferient ruinæ ?*

Habitans de Champmoteux, vos pères en ont été témoins, et la tradition a dû s'en conserver parmi vous ; quel courage ne montra-t-il pas dans sa maison de Vignay, où il menait une vie si modeste, si pure, si pleine de bienfaits, lorsque les hommes de la Saint-Barthélemy vinrent assaillir sa demeure avec le dessein de l'assassiner ! — « Que pouvois-je redouter, dit-il dans une de ses épîtres, pour un reste d'existence qui m'étoit à charge ? C'étoit le moment de mettre en action la morale de toute ma vie : Ah ! m'écriai-je alors : *laissez - les entrer, et si la petite porte n'est bastante, ouvrez la grande.* — La haine et le fanatisme, ajoute-t-il, n'auroient pas trouvé d'obstacle à vaincre auprès de moi. Vignay n'a point de remparts, ni de fossés, ni de palissades, ni de garnison, Dieu seul est ma défense. »

Dieu en effet le sauva : mais il s'était apparemment retiré de vous, lorsqu'en 1793, une nouvelle horde pénétra dans ce sanctuaire, et vint jusque dans cette chapelle sacrée exercer sur le tombeau de ce grand homme un acte de barbarie que les assassins de 1572 n'avaient pu assouvir sur sa personne.

Honneur au propriétaire actuel de la terre de Vignay, M. de Bizemont! Il a compris toute la dignité de sa possession, et j'aime à retrouver en lui la qualité d'ancien collègue, celle de membre de la Chambre des Députés, lorsque je le vois faire un noble emploi de sa fortune, prendre l'initiative pour la restauration du tombeau de LHOSPITAL. Votre digne Préfet s'est associé à ses efforts ; il a provoqué une souscription à laquelle un Roi ami de la justice, le Prince héritier futur de la couronne, la Cour de Cassation, les principales cours du royaume et le barreau, ont voulu prendre part. Le produit de cette souscription a permis de rétablir cette église et de rendre au monument son premier caractère. Adressons aussi nos félicitations aux artistes dont le talent et l'habileté ont parfaitement répondu aux pieuses intentions de la souscription.

Habitans de Champmoteux, vous comprenez aujourd'hui la valeur du dépôt qui vous est confié ! Si jamais il était menacé de nouvelles profanations, dites-vous alors que la France est bien malheureuse, comme elle l'était en 1572, en 1793, à toutes les époques où l'on a vu le désordre prendre le dessus et la violence l'emporter sur les lois ! Espérons plutôt que ce tombeau, pieusement entretenu, subsistera d'âge en âge ; à l'exemple de Malesherbes, les gens de bien viendront y chercher des inspirations, et payer un tribut de respect à ce grand homme, dont la mémoire sera vénérée aussi long-temps que, parmi nous, le patriotisme et la vertu seront en honneur.

PAROLES prononcées par M. Alexandre DE LA BORDE, *député de l'arrondissement d'Etampes, après les deux discours de MM. Aubernon et Dupin.*

Il serait téméraire et superflu, Messieurs, de prétendre rien ajouter aux deux éloquens discours que vous venez d'entendre, ils ont dignement exprimé les sentimens que nous éprouvons tous ; mais qu'il me soit permis, au nom de l'arrondissement qui m'a honoré de son mandat, de cet arrondissement dans lequel LHOSPITAL a joui, peut-être, des seuls momens heureux de sa vie, qu'il me soit permis, dis-je, de proclamer que la population tout entière, et je ne crains point d'être démenti par elle, s'unit aujourd'hui d'intention et de cœur aux nouveaux et respectables fondateurs de ce monument, pour honorer comme eux, avec eux, la mémoire du magistrat illustre, du vertueux citoyen dont la vie entière pourrait se résumer en disant qu'elle présenta l'exemple si rare à la fois, du courage au milieu des factions, de mœurs pures dans une cour corrompue, de lumières dans un temps d'ignorance.

Versailles. — DUFAURE, Imp.
de la Préfecture.

Vue intérieure de la Chapelle de l'Eglise de Champmoteux renfermant le tombeau de Michel de l'Hospital.

www.ingramcontent.com/pod-product-compliance
Lightning Source LLC
LaVergne TN
LVHW012300050726
842524LV00004B/1172